AF454231

JUBÉS

DE LA MÉTROPOLE DE ROUEN

PAR

M. l'abbé LANGLOIS.

NOTES

HISTORIQUES ET DESCRIPTIVES

SUR LES

JUBÉS DE L'ÉGLISE MÉTROPOLITAINE DE ROUEN,

Par M. l'abbé LANGLOIS.

Messieurs,

L'usage des jubés, appelés aussi ambons, pupîtres, tribunes ou lectriers, est très commun et très ancien dans l'Église. Il serait facile de le prouver par l'autorité des Pères, d'une foule d'historiens et d'auteurs ecclésiastiques, même des premiers siècles.

Avant nos chaires actuelles qu'on croit introduites au xiiiᵉ siècle par les Ordres mendiants, c'est du jubé que descendait la parole évangélique, comme de ces hauteurs mystérieuses d'où le divin maître se plaisait à parler à la foule. C'est du jubé qu'on annonçait les fêtes, les jeûnes, les miracles, qu'on fulminait les excommunications. Les empereurs d'Orient étaient couronnés dans le jubé de Sainte-Sophie, et les rois très chrétiens intronisés dans le jubé de la métropole de Reims.

Nos églises de Saint-Maclou, de Saint-Ouen, de Saint-

Vivien de Rouen, de Saint-Jacques et de Saint-Remy de
Dieppe, de Fécamp, d'Étretat, etc., avaient des jubés.
Aujourd'hui on n'en compte plus que trois dans le diocèse
de Rouen : les jubés de Moulineaux, d'Arques et de la
Métropole. Une seule église de la capitale a conservé le
sien, c'est Saint-Étienne-du-Mont.

La cathédrale du B. Maurile, dévorée avec toute la ville
de Rouen dans le célèbre incendie de 1200, était pourvue
d'un jubé ou pupître. Notre archevêque Jean II en fait foi
dans son livre des offices ecclésiastiques. Aux jours de
fête, le sous-diacre y chantait l'Épitre, le diacre l'Évangile ; les chantres, tenant dans leurs mains des diptyques
d'os ou d'ivoire, y chantaient aussi le Graduel et l'Alleluia (1).

Au xiii⁰ siècle, avec notre cathédrale actuelle surgit un
nouveau jubé, destiné aux mêmes cérémonies et que
quelques vieillards ont pu voir encore debout. Comme il
n'en existe aucun dessin connu, j'essaierai d'en esquisser
la description et l'histoire, en m'appuyant sur nos livres
liturgiques et nos registres capitulaires.

Dans les plus anciennes délibérations écrites du Chapitre,
qui remontent au milieu du xiv⁰ siècle, le jubé nous appa-
raît flanqué à droite d'un autel de la Vierge, nommé
aussi de Saint-Didier ou Dizier, à gauche d'un autel de
Saint-Pierre (Altare Sancti-Petri subtùs pulpitum).

En 1492, on célébrait des messes pour l'anniversaire de
Charles V, à l'autel de Saint-Pierre, sous le jubé (2).
En 1482, au même autel de Saint-Pierre, *près le grant*

---

(1) Lectores Epistolæ et Evangelii, et cantores Gradualis et
Alleluia in festivis diebus in pulpitum ascendant..... per tabulas
osseas quas cantores tenent in manibus.... (Johann. Abrinc., p. 17.)

(2) Reg. capit., 19 sept. 1492.

huis du cuer, on disait chaque jour la messe *des Pares-seux* qui commençait à l'évangile de la grand'messe (1).

En 1372, lorsqu'à la prière du roi Charles V, le pape Grégoire XI, ancien archidiacre de Rouen, affranchit nos chanoines de la juridiction des archevêques, la bulle d'exemption, d'abord lue dans le Chapitre en présence de tous les chapelains et choristes, fut relue devant le peuple du haut du jubé, *et etiam in pulpito* (2).

En 1357, un chanoine nommé François Letourneur donna une image de la Vierge pour l'autel qui était à la droite du jubé (3).

Dans l'office ou *mystère* des pélerins d'Emmaüs qui se célébrait dans notre métropole au xiv⁰ siècle, deux prêtres se tournaient du milieu de la nef vers le jubé (versùs pulpitum) pour chanter ce verset :

> Dic nobis, Maria,
> Quid vidisti in viâ (4).

Enfin, nous avons sous les yeux une charte originale, du 10 avril 1344, par laquelle Guillaume de l'Isle, chancelier de l'église de Rouen, donne annuellement au Chapitre une mesure de blé et une mesure d'avoine, (unum modium bladi, et alium avenæ), dont le prix sera partagé entre les chanoines qui, dans les cinq premiers jours de l'octave de Pâques, feront l'*office* de Jésus ressuscité, de Marie-Madeleine, des deux pélerins, chanteront le *Salve festa dies*, le premier *Alleluia* dans le

---

(1) **Livres des chapelles de la Métropole,** 1482 ; aux Archives du département.

(2) **Reg. capit., 6 mai 1372.**

(3) **Pommeraie, cathédrale, p** 25.

(4) **Ordinarium ad usum ecclesiæ Rotom. M. S. du xiv⁰ siècle;** **Bibl. de Rouen.**

chœur, et *l'Alleluia sur le jubé*, au retour de la procession (1).

Ces dates qui sont certaines, démontrent que le jubé de Notre-Dame de Rouen touchait de près à l'origine de la basilique elle-même, et que, par conséquent, son architecture devait être en parfaite harmonie avec le reste de l'édifice.

Il était construit en pierre de taille, et, sans préciser sa hauteur, nous pouvons affirmer qu'il était beaucoup moins élevé que le jubé actuel, auquel, entr'autres défauts, on reprocha d'abord sa hauteur insolite (2).

On y accédait par un seul escalier spacieux que les chanoines montaient et descendaient revêtus de leurs chapes et de leurs plus précieux ornements sans crainte de les endommager (3).

Il était percé, au milieu, d'une arcade ogivale, par laquelle on pénétrait dans le chœur. Une porte en fer forgé, à deux vantaux, dans le style de la fin du xiiie siècle, d'une richesse et d'un goût achevés, en défendait l'entrée. Elle était haute de deux mètres treize centimètres, large de un mètre quarante centimètres. La porte de fer du jubé, toujours ainsi désignée dans les archives, parce que les portes collatérales furent d'abord de bois, ensuite de cuivre, ne s'ouvrait que pour l'entrée des archevêques, des rois de France, des gouverneurs de la province ou des cours

---

(1) .... Cantantes *Salve festa dies*, et cantantes primum *Alleluia* in choro, et cantantes *Alleluia in pulpito*, in regressu processionis. Je dois la connaissance de cette pièce à l'obligeance de M. de Beaurepaire, élève de l'école des Chartes, conservateur des Archives de la Seine-Inférieure.

(2) Mémoire de l'abbé Terrisse sur le nouveau jubé. Questions, ad calcem.

(3) Reg. capit., 19 août 1697 et 17 nov. 1780.

souveraines. Elle se retrouve aujourd'hui dans notre musée d'antiquités (1).

Rien n'indique qu'il ait jamais existé d'autel sur notre jubé comme à Lyon et ailleurs (2), mais nous savons qu'en 1519 on le couronna de deux beaux jeux d'orgues, dont la montre était entièrement dorée ; c'était un présent du chanoine Pierre Mésenge, ancien maître de la musique et des enfants de chœur. Pierre Mésenge avait visité l'Italie, Jérusalem et la Terre sainte. La curieuse relation qu'il nous a laissée de ce voyage témoigne de sa vive piété et de son goût pour les arts (3).

Les ornements et les deux autels du jubé, ainsi que tous les autels des chapelles, sans exception, tombèrent sous la hache des calvinistes, en 1562 (4). Un siècle suffit à peine à réparer ces ravages d'un jour.

En 1600, un personnage de la ville, *esmeu de dévotion*, disent nos Mémoires, fit représenter en pierre le sacrifice d'Abraham, au-dessous de l'arcade du jubé. Toute l'histoire de ce patriarche, *de semblable pierre*, fut aussi sculptée sur la façade, en regard de la nef, et offrit sans cesse aux yeux du peuple la figure d'un sacrifice plus auguste qui s'accomplissait dans le sanctuaire (5).

Au-dessus de l'édifice s'éleva, en 1630, un grand Christ, donné par MM. Brice, chanoines. A droite et à gauche du Christ, les statues de la Vierge et de saint Jean se dressèrent sur des acrotères (6).

---

(1) Catalogue du musée n° 167.

(2) Thiers, Jubés, p. 28.

(3) Reg. capit, 24 juillet et 28 décembre 1519, et manuscrit n° $\frac{175}{173}$ de la bibliothèque de Rouen.

(4) Reg. capit., 20 janvier, 1563.

(5) Ibid. 1er janvier, 1600.

(6) Pommeraie, p. 24 et reg. capit., 18 mai 1774.

La croix qui supportait le Christ s'appuyait sur une grande arcade de charpente, sous laquelle le prédicateur prenait place deux fois l'an, en deux circonstances solennelles : le jour du Synode diocésain, le jour de la fête de Saint-Sever. C'était sans doute un vestige des temps anciens où la parole sainte s'annonçait constamment du haut du jubé. (1)

Dans les grandes solennités, la tribune du jubé était une place d'honneur réservée aux plus illustres personnages. Le 3 décembre 1617, pendant que l'archevêque François de Harlay discourait dans la chaire, le jeune roi, Louis XIII, entouré de ses ministres, écoutait du haut du jubé. (2)

Du côté du chœur, il était couvert de tapisseries de haute lice, pareilles à celles qui se déployaient sur les dossiers et dais des stalles sur toute la longueur du chœur ; elles représentaient les histoires de la Passion, de la Sainte-Vierge, de l'Adoration des Mages et celle de Saint-Georges, aux armes d'Amboise. (3)

Sur la façade occidentale, en regard de la nef, on voyait plusieurs tableaux sur toile, entre autres une Annonciation, un Saint-Jean-Baptiste et un Christ au Jardin des Oliviers. (4)

L'autel de la Vierge, à droite de l'entrée du chœur, était en singulière vénération chez le peuple de Rouen, qui se pressait autour de l'image d'albâtre donnée au XIVe siècle par le chanoine François Letourneur. Les jours de dimanche et de fêtes, on y célébrait sans cesse des messes

---

(1) Lebrun-Desmarettes, *Voyages liturg.*, p. 353.
(2) Reg. capit., 3 décembre 1617.
(3) Farin, *Normandie chrétienne*, p. 189.
(4) Reg. capit., 6 février 1696 et 15 novembre 1785.

jusqu'à midi. Lorsqu'on le renversa pour l'érection du jubé actuel , il fut indispensable de le remplacer sur le champ par un autel provisoire. (1) En 1468, le chanoine Pierre Picart avait sollicité, comme une grâce, d'être enterré dans la nef, à l'entrée du chœur, devant l'image de la Vierge Marie. (2) MM. Brice , dont nous avons parlé plus haut , imitèrent cet exemple , le premier en 1640, le second en 1715.

Lorsque les rois de France visitaient l'église Métropolitaine , avant de pénétrer dans le chœur, ils s'arrêtaient préalablement pour prier devant cet autel. Louis XII, François I*er*, Henri II, Charles IX, Henri IV, y firent tour à tour *leur oraison devant l'ymage de la Vierge Marye* , disent les registres capitulaires. (3)

En 1637, lorsque les échevins de la ville où la peste sévissait depuis vingt ans, résolurent *de se commettre à Notre-Dame, par vœux et prières pour, par son intercession, obtenir la cessation de la maladie contagieuse*, ce fut devant ce même autel, nouvellement relevé, qu'ils vinrent en grande pompe suspendre une lampe d'argent du poids de quarante marcs , comme le symbole du vœu public de toute la ville. Depuis lors, il s'appela l'autel de *Notre-Dame des Vœux* , ou simplement *du Vœu* , c'est le nom que porte encore le nouvel autel qu'on lui a substitué. (4)

C'est au même lieu qu'on exposait le Saint-Sacrement , lorsque le roi courait risque de la vie , soit à la guerre ,

---

(1) Reg capit., I*er* septembre 1693 et 27 septembre 1773.

(2) Ibid., 24 avril 1468.

(3) Ibid., 28 septembre 1508, 2 août 1517 , I*er* octobre 1550, 12 août 1563, 16 octobre 1596.

(4) Reg. capit., 20 septembre 1637.

soit dans une grave maladie. Alors, la nef toute entière disparaissait sous les plus riches tapisseries de la ville , et se remplissait d'une immense multitude ; l'autel, ombragé par un dais somptueux , et chargé de candélabres d'or, étincelait de mille flambeaux de cire vierge. (1) En 1640 , M. Godard . chanoine et trésorier du Chapitre , légua deux mille livres pour le dorer entièrement et peindre toute la façade du jubé. (2)

Le sanctuaire était pavé en marbre sur toute la longueur du jubé, et fermé par une balustrade à pilastres de cuivre et entablement d'ébène . exécutée sur les dessins de M. de Saint-Hilaire . chanoine de Beauvais. (3)

En 1539, une confrérie d'organistes, dont le maître était un nommé Dumonstier , commença , avec permission du Chapitre , de chanter en musique une messe de Sainte-Cécile au haut de la nef (4). En 1570 , Jehan Payne , ancien maître de la confrérie , obtint de placer sur la façade du jubé une image de Sainte-Cécile , qui donna bientôt son nom à l'autel de Saint-Pierre. (5) Cependant, les commencements de cette société de musiciens promettaient peu. En 1565 , le Chapitre fut contraint de lui interdire de chanter devant le jubé *les Psalmes* de Marot, alors très en vogue, et des *Chansons dissolutes*, par lesquelles elle croyait honorer la Vierge romaine. (6) Mais au xviie siècle, elle achève de s'organiser et de se discipliner, en adoptant des statuts approuvés par l'archevêque Charles III de Bourbon. (1602) Alors , rival du Puy de la Conception , le Puy

---

(1) *Voyages liturg.*, p. 350-52.
(2) Reg. capit., 6 octobre 1640.
(3) Ibid., 10 janvier 1698.
(4) Ibid., 21 novembre 1539.
(5) Ibid., 9 novembre 1570.
(6) Ibid., 24 novembre 1565.

de Sainte-Cécile ouvre des concours et distribue des prix.
Le premier était une somme de cent livres, le second, une
écritoire d'argent. La société faisait monter sur de grands
théâtres, dressés le long de la nef, tous les chanteurs et
instrumentistes qui accouraient de toutes parts pour dis-
puter la palme. (1) **MM.** de Martimboz, Dadré, de Hac-
queville, de Mouchi, de Fieux, de Bourdigal, de Sainte-
Hélène, Dutot-Ferrare, les plus hauts personnages du
Chapitre et des cours souveraines, devinrent tour-à-tour
princes du Puy de Sainte-Cécile. Les poètes s'évertuèrent
à chanter ces *princes*, les vainqueurs qu'ils avaient couronnés, et l'auguste martyre, étonnée peut-être de prési-
der à leurs combats et d'être la reine de l'harmonie, car
sa qualité de musicienne est loin d'être démontrée (2).
Quoi qu'il en soit, il n'y a pas moins de cinq belles odes
latines des **P.P.** Commire et De la Rue, dédiées aux ma-
gistrats et aux chanoines, *princes* du Puy de Sainte-Cécile (3). L'autel de la sainte, composé d'une riche me-
nuiserie entièrement dorée, et dû aux libéralités de
M. Godard, rivalisait de richesse avec l'autel de la
vierge.

Tels sont les souvenirs qui se rattachent à notre ancien
jubé, dont il nous faut maintenant raconter la chute.

Le renversement des jubés devint une sorte de mode au
xviiᵉ siècle. C'est en vain que le célèbre J. B. Thiers essaya
d'arrêter ce vandalisme, en publiant son curieux livre :
Des Jubés et clôtures du chœur, et en flétrissant leurs
ennemis du nom d'Ambonoclastes. Un autre liturgiste,

---

(1) Reg. capit., 11 novembre 1631.

(2) Lettre de l'abbé Lebeuf, *Mercure de France*, 1732, janvier,
p. 21, et juin, p. 1081, et *Revue de la Musique*, par M. Danjou,
année 1845, p. 433.

(3) Commirii et Ruæi, carmina passim.

non moins savant, applaudissait à la chute de ces *grosses masses, qui bouchaient l'entrée du chœur, invention nouvelle, née dans un siècle de mauvais goût* (1). Sachons gré au Chapitre de Rouen d'avoir fait la leçon à son siècle, en conservant son ancien jubé jusqu'en 1773, et d'avoir su résister pendant quarante ans à ceux de ses membres qui conspiraient sa ruine.

En 1737, le haut-doyen, Barthélemi Le Cordier de Bigards de la Londe, offrit quinze mille livres à ses confrères pour élargir l'arcade du jubé, y construire une nouvelle porte, et deux petits escaliers aux deux côtés pour l'épître et l'évangile. Une commission fut nommée pour examiner ce projet, qui tomba bientôt dans l'oubli (2).

En 1758, un autre doyen, l'abbé Terrisse, offrit un don de cent louis pour aider à ouvrir le chœur, si les chanoines se décidaient enfin à entreprendre ce travail. Les chanoines remercièrent M. le doyen de ses offres généreuses, et gardèrent leur antique jubé contemporain de leur église (3.

Mais en 1771, l'abbé Terrisse a recruté des partisans; et les Ambonoclastes l'emportent dans le Chapitre. Ils arrêtent qu'on travaillera incessamment à l'ouverture du chœur, à la construction des deux chapelles à droite et à gauche, et qu'on dressera aussitôt des plans de ces nouveaux ouvrages. (4)

Cependant, grâce à l'influence d'une minorité intelli-

---

(1) *Traité sur la Liturgie*, p 72, par André Bocquillot, chanoine d'Avallon.

(2) Reg. capit., 26 août 1737.

(3) Reg. cap., 23 août 1758

(4) Idid, 28 mars 1771.

gente et active , le projet traînait en longueur , et une
année entière s'écoula sans que l'abbé Terrisse pût présen-
ter des dessins sur le bureau du Chapitre. C'est en vain
qu'il tenta de rallier les dissidents en faisant décider
capitulairement qu'un jubé nouveau serait construit à la
place de l'ancien , *pour conserver l'ancien rit de l'é-
glise* (1).

Enfin , le 8 juin 1772 , il présenta au Chapitre présidé
par Mgr de la Rochefoucauld , le plan du nouvel édifice.
L'auteur était M. Carpentier, de l'Académie royale d'architecture , à Paris , lequel étant originaire de Rouen , désirait
laisser dans sa patrie, dit notre registre , *ce monument de
son habileté en son art* (2). L'archevêque , le doyen, les
intendants, approuvèrent et signèrent son plan , en obser-
vant qu'il ajouterait un Crucifix à son jubé , du côté de la
nef, ce à quoi il n'avait point songé.

Cependant, avant de passer outre , l'abbé Terrisse et
ses adhérents, que la minorité harcelait sans cesse , vou-
lurent sonder l'opinion publique sur la valeur du dessin
de Carpentier : en conséquence , une toile immense sur laquelle notre nouveau jubé était figuré de grandeur naturelle, fut suspendue en travers de la nef, à l'entrée du
chœur (3). Afin de provoquer plus directement encore les
observations des amateurs et des artistes, une série de
questions imprimées fut répandue dans le public. Nous
exposons ici les principales, en les abrégeant :

1° L'ordonnance d'architecture ionique que présente le
nouveau jubé , ou toute autre architecture grecque ou romaine , peut-elle s'accorder avec l'architecture gothique
de l'église ?

---

(1) Reg. cap., 2 mars 1772.
(2) Ibid., 8 juin 1772.
(3) Ibid., 22 sept. et 20 déc. 1773 , et 1er fév. 1774.

2° La hauteur des colonnes est-elle proportionnée au petit entablement qu'elles supportent ?

3° Que faut-il penser de la balustrade qui règne sur la corniche, et des bas-reliefs des deux autels ? Comment appliquer une croix sur l'entablement ? Est-il supportable de faire du tabernacle le piedestal d'une statue ?

4° Quelles sensations fera naître l'aspect du jubé, considéré de la nef à diverses distances ? (1)

A toutes ces questions, qui faisaient toucher au doigt les nombreux défauts de notre jubé, on répondrait aujourd'hui par un cri unanime de réprobation qui le ferait rentrer dans le néant, s'il n'existait que sur la toile ; mais au xviiie siècle, au moment où la cathédrale de Metz recevait un portique de théâtre, et la façade de Notre-Dame de Paris des embellissements de style corinthien, pouvait-on être scrupuleux sur l'accord des styles et l'homogénéité des édifices ? Le malencontreux projet de Carpentier sourit au public rouennais non moins qu'aux chanoines, et nul n'embrassa la défense du bon goût, si ce n'est la minorité qui luttait encore avec énergie au sein du Chapitre.

Le 17 février 1773, un de ses membres, après s'être élevé contre les défauts du nouveau jubé, osa faire la proposition d'en arrêter les travaux qu'on commençait à Paris. Pour toute réponse, la majorité maintient ses délibérations précédentes, nomme commissaires des travaux les chanoines Grésil, d'Osmond, Bordier et d'Angerval, et décide que l'ancien jubé sera démoli immédiatement après l'octave du Saint-Sacrement (2). Il ne restait plus à la minorité que de protester ; elle protesta en effet, et apporta

---

(1) Mémoire de M. Terrisse sur le jubé. Questions ad calcem.
(2) Reg. cap., 17 fév., 15 avril 1773.

au Chapitre sa réclamation couverte de signatures. Comme on s'y attend bien , elle fut regardée comme non ave- nue , et écartée comme contraire aux usages du Cha- pitre (1).

On voudrait connaître les noms de ces honorables vaincus qui tentaient d'épargner une faute à leurs con- frères , et une fâcheuse disparate à leur église ; le registre ne m'a fourni que celui de leur chef, M. Jean-Louis Roffet , docteur de Sorbonne, promoteur du Chapitre et intendant de la Bibliothèque, homme d'un grand savoir et d'un mérite éminent , comme le prouvent ses doctes réponses aux consultations des Chapitres d'Avranches , de Limoges et d'Angers (2).

En conséquence , au jour dit , l'antique jubé avec ses autels , ses bas-reliefs , ses pinacles , ses colonnettes , ses fenestrages qui remontaient aux plus brillantes époques de l'architecture ogivale , fut livré au pic destructeur, et long- temps après , ses débris jonchaient encore la place de la Calende (3).

La vierge du xive siècle , qu'on avait dorée en 1725 , fut vendue 400 liv. au curé de Saint-Vivien (4). Un particulier obtint pour 96 livres le grand Christ et les deux statues qui l'accompagnaient (5).

Monseigneur de la Rochefoucauld avait contribué pour 20,000 liv. au nouveau jubé ; il en posa le premier marbre le samedi 2 avril 1774, après l'*Inviolata*. Sous ce marbre qui sert de base à la colonne d'entre la porte du chœur et

---

(1) Reg. cap., 19 avril 1773.
(2) Ibid., 25 juin 1760 et 1er juillet 1761.
(3) Ibid., 30 juin 1773 , et 23 janvier 1775.
(4) Ibid., 5 mars 1725, et 3 nov. 1778.
(5) Ibid., 18 mai 1774.

l'autel du vœu, on plaça, dans une boîte de plomb, une plaque de cuivre avec cette inscription :

ANNO SALUTIS M.D.C.C.LXXIV,

REGNANTE LUDOVICO XV,

SUMMO PONTIFICE CLEMENTE XIV, HUJUS AMBONIS,

PRÆSENTE VENERABILI CAPITULO,

PRIMARIUM LAPIDEM POSUIT

REVERENDISSIMUS IN CHRISTO PATER,

DOMINICUS DE LA ROCHEFOUCAULD,

ARCHIEPISCOPUS ROTHOM. NORM. PRIMAS,

ABBAS CLUNIACENSIS.

Après trois ans et demi de travaux, le 15 août 1777, les chanoines chantèrent pour la première fois les leçons de matines, l'épître et l'évangile, sur leur nouveau jubé(1). Mais il leur fallut cesser d'y monter en chapes pour les versets des stations. L'escalier trop étroit causait un dommage considérable à leurs ornements les plus précieux ; c'est pourquoi ils ordonnèrent que ces versets seraient désormais chantés *in plano* devant l'entrée du chœur (2).

Le 20 septembre 1777, le célébrant bénit le tabernacle de l'autel du vœu, et les statues de la Vierge et de Sainte-Cécile, la première donnée par l'archevêque, la seconde par le Chapitre (3).

Le lundi saint, 13 avril 1778, les deux autels furent consacrés solennellement par Mgr de la Rochefoucauld. Le nouveau jubé avait dérangé l'ordonnance primitive des stalles et causé même la suppression de plusieurs, dont deux furent transportées à l'extrémité du côté gauche, en face

---

(1) Reg. cap., 14 août 1777.
(2) Ibid., 17 nov. 1780.
(3) Ibid., 8 avril 1773.

du trône archiépiscopal (1). Toutes avaient été replacées avant le 12 avril 1778, jour auquel l'archevêque put reprendre sa place accoutumée parmi les chanoines, dans les fêtes au-dessous du rit triple. Cette place était la deuxième stalle au-dessus de la première brisure, du côté droit, et la huitième à partir de la principale entrée du chœur. (2).

Dans la séance publique de l'Académie, du 6 août 1777, l'abbé Terrisse lut son mémoire sur les marbres du nouveau jubé, dont la richesse et la structure excitaient alors l'admiration universelle. J'abrégerai et complèterai tout à la fois son écrit, qui est antérieur à l'achèvement de l'édifice.

Les marbres du jubé sont de deux sortes :

1° Le blanc veiné provenant des magasins de Leprince, marbrier du roi, à Paris ;

2° Le marbre cipolin qui mérite l'attention des curieux par les nuances de ses couleurs, la singularité de ses veines, et surtout par sa rareté. Pline le naturaliste a signalé cette espèce de marbre dont les carrières, découvertes en Egypte sous Auguste et Tibère, sont aujourd'hui ou épuisées ou inconnues.

Le cipolin employé au jubé de Rouen provenait de magnifiques colonnes de 18 pieds de longueur sur 2 pieds 2 pouces de diamètre, faisant partie des 40 que Colbert avait fait enlever des ruines de l'ancienne *Leptis magna*, ville voisine d'Alger, renversée au xviie siècle par un tremblement de terre. On croit que ce ministre les avait destinées au péristyle de Trianon. Dans la suite, elles furent vendues ou données à différentes églises, à Saint-

----

(1) Reg. capit., 24 mai 1776.
(2) Ibid., 12 avril 1778.

Sulpice, à Saint-Germain-des-Prés, à St-Martin d'Autun, à Sainte-Bénigne de Dijon.

Celles de Rouen, au nombre de six, furent achetées dans les magasins du roi par le doyen du Chapitre, M. de la Roque-Hue, de la famille des Miromesnil, qui en fit présent à l'église en 1721. Il les destinait à soutenir un gigantesque baldaquin dont il voulait ombrager le maître-autel. Ce projet était sa chimère favorite. Il en fit même ajouter un dessin à son portrait conservé aujourd'hui dans la bibliothèque du Palais archiépiscopal. Le bon doyen, avec la plus naïve satisfaction, vous montre du doigt la forêt de colonnes grecques chargées d'anges adorateurs, dont il se promettait *d'embellir* l'harmonieux et sublime rond-point de notre métropole.

Son projet fut abandonné à sa mort arrivée le 16 décembre 1729, et ses colonnes restèrent plus de cinquante ans couchées dans la poussière, dans un coin de l'église; le Chapitre voulait même les vendre, et les fit annoncer dans les affiches de Normandie (1). Lors de la construction du jubé, elles fournirent plus de 300 pieds cubes de marbre qu'on plaça aux panneaux et revêtissements, aux marches du sanctuaire des deux chapelles, aux tables et marchepieds des autels, au socle et à la tablette d'appui de la balustrade, enfin dans les deux entrecolonnements, depuis la partie supérieure des autels jusqu'à l'entablement de l'édifice (2).

---

(1) Reg. cap., 19 déc. 1757.

(2) Les vastes panneaux de marbre cipolin qui remplissaient les entrecolonnements, furent enlevés vers 1825, sans doute pour dégager les colonnes du jubé et l'entrée du chœur. Employés à décorer une fontaine sur la place du Vieux-Marché, ils ont depuis disparu avec elle. C'est vers la même époque qu'on construisit les deux escaliers disgracieux qu'on voit aux extrémités du jubé. Primitivement, il n'en existait qu'un seul, qui était masqué par les panneaux de marbre.

Dans les entrecolonnements sont placés les autels du
Vœu et de Sainte-Cécile, décorés de bas-reliefs. Le bas-
relief de droite représente le Sauveur mis au tombeau,
environné des saintes femmes. Sur le tabernacle est posée
la statue de la Vierge en marbre blanc, de 6 pieds de
hauteur. Cette statue et toute la sculpture du même autel
sont dues au statuaire Lecomte.

A gauche, sur l'autel de Sainte-Cécile, se dresse la statue
de cette martyre, aussi en marbre blanc, sortie, comme
toute la sculpture de cette chapelle, des mains de Clodion.
Le bas-relief représente Cécile rendant le dernier soupir.
Ses pauvres qui l'environnent encore, recueillent dans des
linges et des urnes le sang qui s'échappe de ses blessures.
Ce travail nous semble bien inférieur au chef-d'œuvre
d'Étienne Maderno, qui retrace avec tant de bonheur l'in-
effable sommeil de la Vierge couchée sur le côté droit,
les genoux réunis avec modestie, les bras affaissés l'un
sur l'autre, et la tête, par une inflexion mystérieuse et
touchante, un peu retournée vers la terre (1).

Les deux statues richement drapées sont pleines de
flexibilité et de mouvement, et révèlent, ainsi que les
reliefs, une grande habileté de ciseau. Mais leur beauté
trop naturelle parle trop aux sens et n'est pas assez trans-
figurée par la pensée chrétienne. Elles ne font pas moins
disparate avec les statues du moyen-âge, que l'architecture
grecque du jubé avec les ogives de la basilique.

Le calvaire, dû à Clodion, composé d'un grand Christ
qui subsiste encore, d'une vierge et d'un saint Jean de
8 pieds de haut, qui ont disparu, ne fut posé qu'en avril
1788. Le cardinal de la Rochefoucauld en fit la bénédic-
tion solennelle le dimanche 4 mai, et célébra pontificale-

---

(1) Guéranger, *Histoire de Sainte-Cécile*, au frontispice.

ment la messe de l'exaltation de la Sainte-Croix. Les chanoines en soutanes rouges et violettes, selon leurs dignités, étaient rangés en demi-cercle au haut de la nef. M. Crespin, membre du Chapitre et prédicateur ordinaire du roi , prononça le discours (1).

Les six vases d'ornement ou cassolettes , confiés aussi à Clodion , ne furent posés qu'à la fin de l'année 1789. Le bateau qui les apportait s'étant ouvert près le pont du Pecq, ils restèrent près d'un an au fond de la Seine , avant de figurer sur les acrotères où ils sont encore. Le Chapitre alloua 400 livres à Clodion , *pour tous frais et avaries* (2).

Je termine ici cette ébauche de notre nouveau jubé. Quelque fâcheux que soit le contre-sens qu'il forme avec l'ensemble de la Cathédrale , il n'en atteste pas moins le zèle et la magnificence du cardinal de la Rochefoucauld et de son Chapitre pour la décoration du lieu saint. Que n'atteste-t-il aussi leur bon goût , leur intelligence de l'architecture du moyen-âge et de l'harmonie des styles ! Evidemment , c'est un sens qui leur manqua ; mais il manquait aussi à toute notre ville , aux Académies qu'ils avaient consultées , disons mieux , à tout leur siècle.

---

(1) Reg. cap., 4 mai 1788. M. Crespin , entr'autres stations , prêcha l'Avent de 1789 devant Louis XVI.

(2) Reg. cap., 29 mai, 30 octobre et 3 novembre 1789.

Extrait du *Précis analytique* des Travaux de l'Académie
des Sciences, Belles-Lettres et Arts de Rouen,
année 1858.

ROUEN IMP. DE A. PERON